RÉPUBLIQUE FRANÇAISE

VILLE DE MONTBRISON

RÈGLEMENT ET TARIF

DES DROITS DE PLACE

ET DE

STATIONNEMENT

ET

DES DROITS DE PESAGE

sur les champs de foire, sur les marchés
et les voies publiques

MONTBRISON
IMPRIMERIE DU JOURNAL DE MONTBRISON
RUE TUPINERIE, N° 4
1919

RÉPUBLIQUE FRANÇAISE

VILLE DE MONTBRISON

—

RÈGLEMENT ET TARIF

DES DROITS DE PLACE

ET DE

STATIONNEMENT

ET

DES DROITS DE PESAGE

sur les champs de foire, sur les marchés

et les voies publiques

MONTBRISON

IMPRIMERIE DU JOURNAL DE MONTBRISON

RUE TUPINERIE, N° 4

1919

RÈGLEMENT ET TARIF

DES DROITS DE PLACE

ET DE

STATIONNEMENT

ARTICLE PREMIER.

Le présent règlement a pour objet la mise en recouvrement des droits de place, d'étalage et de stationnement sur les places, promenades, jardins publics, dans les rues créées ou à créer et autres parties de la voie publique, dans toute l'étendue de la commune.

Les droits seront perçus conformément au tarif énoncé au présent règlement.

ARTICLE 2.

La perception de ces droits sera faite par voie de régie et directement par la ville à partir du 1er janvier 1920, sous la direction du Préposé en chef de l'octroi, chef de service.

Article 3.

L'Administration municipale se réserve expressément la faculté de changer l'établissement des marchés, de les autoriser, de les interdire sur les places où elle le jugera convenable, de déterminer les emplacements que devront occuper les marchands ou revendeurs, de spécifier la nature ou l'espèce des marchandises qui pourront ou ne pourront pas être installées sur les places, d'interdire l'occupation par des étalages de telle ou telle place, ou partie de place ou marchés et enfin d'apporter toutes les modifications qu'elle jugera utiles, sans que les personnes autorisées à jouir d'emplacements ou les propriétaires voisins puissent prétendre à aucune indemnité.

Article 4.

Les droits et locations des places, pour étalage et stationnement dûs aux termes du règlement tarif seront perçus journellement sur toutes les places, rues, promenades, où il est permis de vendre et de stationner.

Ces droits seront recouvrés à l'aide de tickets ou de quittances à souche qui devront être immédiatement représentés aux agents commissionnés en cas de contrôle.

Est réputé stationner quiconque arrêté sur la voie publique y est trouvé vendant ou mettant en vente des denrées ou marchandises quelle que soit la durée du stationnement.

Article 5.

Il ne peut pas être perçu de redevance à raison de transport de marchandises sur la voie publique, soit à bras ou sur brouette, soit par voiture ou sur bête de somme, pour être livrées à domicile par des vendeurs non en

quête d'acheteurs et ne stationnant pas sur la voie publique.

Ne peuvent non plus être assujettis à des redevances,
les marchands ambulants vendant de menus objets, tels
que : chansons, images, estampes etc , avec ou sans éven-
taires, et ne stationnant pas sur la voie publique.

Article 6.

Ne sont pas compris dans la perception des droits de
place :

1° — Les kiosques et autres constructions servant aux
criées publiques et aux bureaux des voitures publiques.

2° — Les étalages devant les ouvertures de magasins
ou de boutiques ne dépassant pas 0^m 50 à partir du mur
de clôture.

3° — L'installation des chaises et bancs servant à l'u-
sage des promeneurs sur les places et promenades publiques.

4° — Les voitures et omnibus destinés au transport des
voyageurs et autorisés à stationner sur la voie publique.

5° — Les emplacements occupés temporairement pour
des travaux municipaux, départementaux et de l'Etat.

Article 7.

A. — Droits de places

Les droits sont ainsi fixés :

1°. — Pour la poterie, faïence, porcelaine, ver-
res et cristaux, le mètre carré, vingt centimes, fr. 0.20

2°. — Pour la houille, charbon de bois et les
échallas mis en vente, qui paieront par char, voi

ture ou tombereau, pour une superficie approximative de deux mètres et demi carrés, un franc par unité . . . . fr. 1 00

3°. — Les bouchers forains, qui s'installent quai de l'Hôpital, paieront trente centimes par mètre carré . . . . fr. 0.30

4°. — Les jardiniers paieront quinze centimes par mètre carré occupé par leur exposition de jardinage, sur la place de l'Hôtel de Ville . . 0.15

Ces taxes ne pourront être exigées à nouveau au cas où la marchandise serait renouvelée dans le courant du marché.

5°. — Les légumes chargés dans un véhicule et exposés sur le marché pour être mis en vente, paieront les taxes suivantes :

Le véhicule attelé de deux chevaux paiera d'après une surface approximative de cinq mètres carrés, un franc cinquante centimes . . . fr. 1.50

Le véhicule attelé d'un cheval paiera d'après une surface de deux mètres carrés et demi, un franc . . . . fr. 1.00

Le véhicule attelé d'un âne paiera d'après d'après une surface d'un mètre carré et demi, cinquante centimes . . . . fr. 0.50

Le véhicule à bras, un mètre et quart, vingt-cinq centimes . . . . fr. 0.25

6°. — Les liens de fromages appelés formes, paieront deux francs par mètre carré. . . fr. 2.00

7°. — Pour tous les bancs et étalages munis de toitures ou tentes, l'espace passible de la taxe sera celui occupé par ces toitures ou tentes lorsqu'il dépassera l'emplacement occupé par les bancs et étalages eux-mêmes.

Cette catégorie de bancs et étalages paiera :

Pour l'emplacement occupé par les bancs et étalages eux mêmes, soixante centimes par mètre carré . . . . fr. 0.60

Pour la surface occupée par la partie de tente ou de toiture qui dépassera l'étalage, vingt centimes par mètre carré . . . . fr. 0.20

Le minimum de la perception pour les étalagistes sera de un franc par jour . . . . . fr. 1.00

Les marchands dont les bancs et bâches sont taxés au paragraphe 7 pourront s'abonner à l'année ; le prix sera payable par trimestre et d'avance. Dans ce cas une réduction de dix pour cent du tarif sera accordée.

8°. — Les sacs de feuilles de fayard mis en vente paieront un centime par unité, avec un minimum de perception de cinq centimes . . fr. 0 05

9°. — Les paniers, corbeilles et autres articles de vannerie mis en vente paieront par mètre carré, trente centimes. . . . . fr 0.30

10°. — Les vannoirs, beurriers, jougs, semoirs, double décalitre, cages, garde manger, baquets, sceaux, paieront par mètre carré, cinquante centimes . . . . fr 0.50

11°. — Les bancs de cordes et d'articles de tannerie, paieront par mètre carré, cinquante centimes . . . . fr. 0.50

12º. — La plume d'oie et le duvet ainsi que les laines, paieront par mètre carré, un franc . fr. 1.00

13º. — Les marchands de jouets, confettis, serpentins, articles de fête, qui établissent des bancs, place de l'Hôtel de Ville paieront un franc pour la surface occupée par le banc et par mètre carré . . . . fr. 1.00
et dix centimes le mètre carré pour le bâche ou la tente qui dépassera le banc . . . . . fr. 0 10

14º. — Les emplacements occupés par les fabricants de chaises, les chaudronniers, étameurs, aiguiseurs, raccommodeurs de parapluies, vaisselle, porcelaine, paieront trente centimes le mètre carré . . . . fr. 0.30

15º. — Les marchands de poissons, installés rue Grenette, paieront par mètre carré, soixante centimes . . . . fr. 0.60

Cette taxe sera due en tout temps.

Par exception, il sera toléré aux commerçants riverains de la voie publique où a lieu le marché, d'exposer des marchandises ayant trait à leur commerce ou profession, sur le trottoir longeant leur habitation, sans qu'ils puissent être tenus de payer aucun droit de place pour cette tolérance, mais à la condition que ces marchandises exposées ne fassent pas une saillie excédant cinquante centimètres.

16º. — Les spectacles de curiosité de toute nature, exercices d'équitation, saltimbanques, cirques, carrousels, bancs de vaisselle, charlatans et autres, autorisés à s'établir sur les places et

rues avec baraques, voitures ou tentes, seront as-
.sujettis au paiement d'une taxe de vingt centimes
par jour et par mètre carré . . . . fr. 0.20

17°. — Les marchands forains qui stationnent
dans les rues, places ou boulevards de la ville
avec des voitures pour vendre leurs marchandises, seront assujettis au droit de cinq francs par
voiture et par jour. . . . . fr. 5 00

Les voitures menées à bras contenant des marchandises exposées à la vente paieront deux francs 2.00

Ces droits séront exigibles même les jours autres que ceux de foires et marchés.

18°. — Pour les chevreaux, par tête, quinze
centimes . . . . fr. 0.15

19°. — Par cage ou panier de volaille ou de
lapins, lorsque la cage ou le panier n'excèdera
pas une superficie de vingt-cinq décimètres (quart
de mètre), vingt centimes . . . . fr. 0.20

Au dessus de vingt-cinq décimètres jusqu'à cinquante décimètres (demi-mètre), par unité, trente
centimes . . . . fr 0.30

De 0,51 à 0,75 décimètre, quarante centimes 0.40

De 0,76 décimètres au mètre carré, cinquante
centimes . . . . fr. 0.50

Lorsque les dimensions des balles, cages ou
paniers seront supérieures à un mètre, par mètre, cinquante centimes . . . . fr. 0.50

20°. — Pour les dindes et oies, par tête, vingt
centimes . . . . fr. 0.20
mais les jeunes produits de l'élevage de ces es-

pèces exposés en vente, en cages ou paniers, ne paieront que d'après les dimensions de ces cages ou paniers, article 19 ci dessus ;

21º. — Pour chaque lièvre, trente centimes, ci   0 30

22º. — Pour chaque lapin de garenne, dix centimes . . . . fr.   0.10

23º. — Pour chaque perdrix ou perdreau, dix cent.   0.10
fouine, renard, loutre, blaireau, cinquante centi.   0.50

24º. — Pour chaque bécasse, canard sauvage, sarcelle ou autres gibiers d'eaux, vingt centimes   0.20

25º. — Pour les grives, merles, cailles, bécassines, putois, écureuils et autres, la demi douzaine vingt centimes . . . . fr.   0.20

26º. — Pour la douzaine de petits oiseaux, dix centimes . . . . fr.   0.10

27º. — Pour les poulets, canards, non placés dans des cages ou paniers, la paire vingt centimes . . . . fr.   0.20

28º. — Pour les pigeons, la demi douzaine vingt centimes . . . . fr.   0.20

29·. — Pour chaque lapin au-dessus de deux kilogs, dix centimes . . . . fr.   0.10
Au dessous de 2 kilogs, la paire dix centimes   0 10

30º. — Pour chaque panier de denrées, fromages, beurre, œufs, etc., tenu au bras ou par terre, vingt centimes . . . . fr.   0 20

31º. — Pour chaque baril de harengs, vingt centimes . . . . fr.   0.20

32º. — Les fruits mis en vente, place Saint-

Pierre, paieront pour un emplacement de 0 m. 01
à 0 m. 25 décimètres carrés, dix centimes . fr. 0.10
de 0 m. 25 à 0 m. 50 dm², vingt centimes . fr. 0.20
de 0 m. 50 à 0 m. 75 dm², vingt-cinq centimes 0.25
de 0 m. 75 à 1 mètre², vingt-cinq centimes . fr. 0 25
le mètre carré, vingt-cinq centimes . . . fr. 0 25

Les coquetiers paieront par mètre carré, vingt-
cinq centimes . . . . fr. 0.25

B. — Droits d'attache et de stationnement.

Les droits à percevoir sur les bestiaux amenés
aux foires et marchés sont :

1°. — Chevaux et mulets, par tête, un franc 1 00

2°. — Jument et son poulain, un franc . fr. 1.00

3° — Anes et ânesses, par tête, cinquante centimes . . . . fr. 0.50

4°. — Bœufs, par tête, un franc. . . . fr. 1.00

5°. — Vaches, par tête, un franc . . . fr. 1.00

6°. — Veaux, par tête, cinquante centimes fr. 0.50

7°. — Porcs, par tête, cinquante centimes . fr. 0.50

8°. — Porcs de lait, la pièce, vingt cinq cen
times . . . . fr 0 25

Tout porc ne dépassant pas quinze kilogrammes
sera réputé porc de lait.

9° — Moutons, brebis, par tête, vingt-cinq cen·
times . . . . fr. 0.25

10°. — Agneaux, la paire quinze centimes fr. 0.15

11°. — Chèvres, par tête, quinze centimes fr. 0.15

Les chevaux amenés pour la remonte seront exempts de tous droits.

En quelques lieux qu'ils stationnent sur les places et marchés de la ville de Montbrison, tous les animaux amenés aux foires et marchés pour être vendus seront soumis aux droits.

Les marchands forains ou autres, saltimbanques ou boutiquiers, qui établiront des baraques sur les lieux affectés aux marchés de bestiaux seront assujettis aux taxes suivantes :

12°. — Pour les bancs et étalages par jour et par mètre carré, soixante centimes . . . . fr. 0.60

13°. — Pour tous les bancs et étalages munis de tentes ou toitures, l'espace passible de la taxe sera celui occupé par les tentes ou toitures lorsqu'il dépassera l'emplacement occupé par les bancs et étalages eux-mêmes.

Cette catégorie de bancs et étalages paiera :

Pour l'emplacement occupé par les bancs ou tables, par jour, le mètre carré, trente-cinq centimes . . . . fr. 0.35

Pour la surface occupée par la partie de tente ou toiture qui dépassera l'étalage, par jour, le mètre carré, vingt centimes. . . . . . fr. 0.20

Le minimum de perception, pour les étalagistes et boutiquiers sera, par jour, trente cinq centimes . . . . fr. 0.35

14° — Pour les saltimbanques, spectacles de curiosité, cirques, carrousels, bancs de vaisselle, exercices d'équitation ou autres, par jour, le mètre carré, dix centimes . . . . fr. 0.10

Dans le calcul des superficies occupées, toute fraction de mètre carré inférieure à un demi·mètre paiera comme demi-mètre, toute fraction su· périeure à un demi-mètre carré, sera comptée comme mètre carré et paiera comme tel

C. — Halle aux grains.

Les droits de mesurage, de pesage et d'emma gasinage à percevoir à la Halle aux grains, sont fixés de la manière suivante :

1°. — PESAGE : Un sac par unité, dix centimes ⟶ 0.10

2°. — MESURAGE : Location du double·décalitre, dix centimes par demi-heure ; dans ce cas il de- ⟶ 0.10 vra être déposé entre les mains du Receveur, qui en donnera récepissé, un cautionnement de cinq francs pour garantir ladite location.

3°. — DROIT DE PLACE : suivant le terrain oc- cupé.

Pour chaque sac exposé en vente, de 5 dou bles et au dessus, dix centimes par jour . . fr. 0.10

Pour chaque boge de pommes de terre, quinze centimes, par jour . . . . fr. 0.15

4°. — DROITS D'EMMAGASINAGE dûs une heure après la fermeture de la halle ;

Pour chaque sac, dix centimes par semaine . 0.10

Pour chaque boge, quinze centimes par se- maine . . . . fr. 0.15

5°. — Les pommes de terre mises en vente sur la place Grenette paieront par boge, quinze cen· times . . . . fr. 0 15 par sac, dix centimes. . . . . fr. 0.10

6°. — Les plants de vigne mis en vente place Grenette et Eugène Beaune paieront trente centimes le mètre carré . . . . fr. 0.30

7°. — Les grains non vendus et déposés momentanément dans le périmètre de la halle acquitteront les mêmes droits que ceux déposés à la halle.

8° — Les voitures de grains et autres marchandises exposées sur le même périmètre acquitteront si les chevaux sont dételés, chacune un droit de cinquante centimes représentant l'occupation d'une surface approximative de 2 mètres 50 dm2, à raison de vingt centimes par mètre carré . . . . fr 0.20

ARTICLE 8.

L'administration municipale aura la faculté d'accorder des abonnements aux commerçants qui en feront la demande.

Les abonnements seront consentis pour six mois ou un an.

Les demandes d'abonnement devront énoncer :

1° — Le genre de commerce des demandeurs.

2° — La superficie du terrain nécessaire à leur commerce ou à leur industrie.

3° — La durée du séjour sur les places ou marchés ou, s'ils désirent stationner périodiquement, la désignation des jours comprenant ces périodes.

Ces renseignements serviront de base pour établir le montant de l'abonnement.

Ces abonnements payables d'avance donneront un droit privatif aux places retenues La quittance détachée d'un registre à souches portant un numéro d'ordre indiquera dans ce cas la superficie occupée par tel étalage et sur tel marché ; mais, tout emplacement retenu et payé d'avance devra être occupé par l'abonné, demiheure au plus tard après l'ouverture du marché sous peine de déchéance, sauf à l'abonné à se pourvoir d'une autre place sans être tenu cependant de payer une seconde fois le droit. Le droit privatif du premier occupant ne peut être ni cédé ni vendu. Un arrêté municipal a fixé les heures d'ouverture des marchés.

Article 9.

Les droits de place fixés au jour sont dûs au moment de la prise en possession de l'emplacement, alors même qu'il ne serait occupé que pendant une fraction de la journée. Pour les abonnements le prix en sera payé d'avance de mois en mois et sera acquis intégralement, lors même que l'occupation n'aurait pas lieu le mois entier.

Le défaut de payement d'un abonnement entraînerait de plein droit sa résiliation sans préjudice des poursuites qui pourraient être exercées par l'administration.

Article 10.

Les entrepreneurs de spectacle, les marchands qui voudront obtenir un emplacement devront tout d'abord adresser à M. le Maire leur demande d'autorisation de s'installer sur les places publiques.

Cette demande devra indiquer : la nature des marchandises ou spectacle, la surface exacte de l'emplacement sollicité, la durée du stationnement, le nom et l'adresse du demandeur.

Si l'autorisation de stationner est accordée, il sera versé à titre d'arrhes au service des droits de place une somme proportionnelle à l'importance de l'établissement à installer.

Cette somme sera fixée au tiers des droits dûs pour toute la durée du séjour et sera définitivement acquise à la ville au cas où l'établissement ne serait pas installé pendant le délai accordé

La désignation des emplacements à accorder aux demandes acceptées sera faite par l'autorité municipale ou son délégué sans que les demandeurs n'aient rien à objecter

En raison du défaut d'abonnement dans cette catégorie, l'administration municipale traitera à forfait avec les intéressés lorsque la durée du stationnement le permettra.

Toutefois l'administration sera libérée de tout engagement envers eux s'ils ne se sont point présentés ou fait représenter le jour désigné sur l'autorisation de stationner pour la distribution des places.

ARTICLE 11.

Les revendeurs de denrées alimentaires qui auront acheté des objets ayant déjà été assujettis aux droits de place seront aussi passibles d'un nouveau droit si le premier vendeur les a détaillés à plusieurs revendeurs.

Si, au contraire, ils ont été revendus en totalité à un même acquéreur, ce dernier jouira pendant la même journée de la faculté de les détailler sans que les droits puissent être exigés une deuxième fois pourvu que la revente se fasse au lieu et place du vendeur primitif.

ARTICLE 12.

Le produit brut des droits de place et de stationne ment sera encaissé et justifié par une comptabilité tenue par l'agent régisseur, qui en effectuera le versement à la recette municipale au moins toutes les périodes décadaires, sous le contrôle du Préposé en chef qui en exposera lui-même un compte rendu à l'administration municipale.

ARTICLE 13.

Toute personne qui ne serait pas en mesure de repré senter sa quittance sera censée n'avoir pas payé et soumise à l'acquittement des droits, sans préjudice de la contravention pouvant résulter du défaut d'autorisation.

ARTICLE 14

Toute perception non autorisée par le tarif, sous quel que dénomination que ce soit, sera signalée à M. le Procureur de la République et les agents qui l'auraient exigée ou perçue seront poursuivis conformément à la loi.

ARTICLE 15.

Toutes contestations qui pourraient s'élever sur l'application du tarif ou sur la quotité du droit exigé seront portées devant les tribunaux compétents.

ARTICLE 16.

En cas de semblables contestations le redevable sera tenu de consigner entre les mains de l'agent percepteur le droit exigé.

ARTICLE 17.

Le personnel devra toujours dans ses relations avoir une attitude correcte avec les marchands ; il en sera de même de ces derniers, sous peine des contraventions dont ils pourront être passibles.

ARTICLE 18.

Les tarifs et règlements seront affichés dans les lieux les plus apparents de chaque marché.

ARTICLE 19.

Les agents et la police locale veilleront à ce que les étalages et l'occupation des places aient lieu avec ordre ; ils donneront assistance aux percepteurs des droits de place, lorsqu'ils seront requis à cet effet.

ARTICLE 20

M. le Préposé en chef du service est chargé de l'exécution du présent règlement.

Montbrison, le 13 décembre 1919.

LE MAIRE,

L. DUPIN.

RÈGLEMENT ET TARIF

DES DROITS DE PESAGE

Article premier.

La perception des droits de pesage sera faite par voie de régie et directement par la ville à partir du 1ᵉʳ janvier 1920.

Le service sera assuré par les agents municipaux sous la surveillance et la direction du Préposé en chef du service des droits de place.

Article 2.

Les droits à percevoir pour le pesage sont établis ainsi qu'il suit :

A. — Tarif pour le pesage sur les bascules de la ville situées Place Eugène Beaune, Boulevard Duguet, de l'Abattoir ; 1 franc par pesée.

B — Tarif pour le pesage du petit poids public situé Place de la Mairie : 20 centimes la pesée

Article 3.

Les droits ci-dessus seront acquittés par celui qui aura requis les préposés de procéder au pesage des marchandises ou denrées.

ARTICLE 4.

Les préposés inscriront sur un registre à souches à ce destiné, timbré, coté et paraphé par le Maire, le résultat de chaque opération ainsi que le montant des droits perçus.

ARTICLE 5.

Il sera délivré, aux personnes qui le demanderont, par les peseurs, un bulletin détaché du registre à souches où devront être consignées toutes les opérations de pesage (arrêté du 7 brumaire an 9, art. 7) ainsi que le montant des droits perçus.

ARTICLE 6.

Le produit brut des droits de pesage, sera encaissé et justifié par une comptabilité tenue par les préposés. Le versement en sera effectué à la recette municipale, au moins toutes les périodes décadaires, sous le contrôle du Préposé en chef du service des droits de place qui en exposera lui-même un compte rendu à l'administration municipale.

ARTICLE 7.

Tout préposé qui favoriserait la fraude, soit en recevant des présents, soit de toute autre manière, sera signalé à M. le Procureur de la République.

ARTICLE 8.

Toute perception, non autorisée par le tarif sous quelque dénomination que ce soit, sera réputée concussion, et ceux qui l'auraient exigée ou perçue seront poursuivis conformément à la loi.

Article 9.

Toutes contestations qui pourraient s'élever sur l'application du tarif ou sur la quotité du droit exigé seront portées devant les tribunaux compétents, après consignation des droits.

Article 10.

Les tarifs et règlements seront constamment affichés, tant dans le bureau du poids public que dans les bureaux d'octroi.

Article 11.

Les préposés devront toujours dans leurs relations être polis avec les intéressés ; il en sera de même de la part de ces derniers.

Quiconque s'opposerait à l'exercice de leurs fonctions, en les injuriant les menaçant, ou les frappant de quelque manière que ce soit sera traduit devant les tribunaux compétents.

Ils pourront, dans l'exercice de leurs fonctions, réclamer le concours des agents de police, toutes les fois qu'il leur sera utile.

Article 12.

Le Préposé en chef des droits de place est chargé de l'exécution du présent règlement.

Montbrison, le 13 décembre 1919.

Le Maire,
L. DUPIN.